LOS ESTADOS MENTALES

SIENTO ABURRIMIENTO

POR STEPHANIE FINNE

BLUE OWL
EN ESPAÑOL

TIPS PARA LOS MAESTROS Y LOS PADRES DE FAMILIA

El aprendizaje social y emocional (SEL, por sus siglas en inglés) les ayuda a los niños a manejar sus emociones, crear y lograr metas, conservar relaciones, aprender cómo sentir empatía y tomar buenas decisiones. El abordaje de SEL ayudará a que los niños establezcan hábitos positivos en la comunicación, cooperación y en la toma de decisiones. Mediante la incorporación de SEL en la lectura temprana, los niños estarán mejor equipados para desarrollar y fortalecer la confianza en ellos mismos y fomentar redes sociales positivas con sus compañeros.

ANTES DE LA LECTURA

Hable con el lector o la lectora acerca del aburrimiento. El aburrimiento puede ser una señal de otros sentimientos.

Analicen: ¿Qué sientes cuando sientes aburrimiento? ¿Qué otros sentimientos sientes? ¿Qué haces cuando sientes aburrimiento?

DESPUÉS DE LA LECTURA

Hable con el lector o la lectora acerca de cómo puede cultivar la creatividad. Explíquele que sentir aburrimiento nos ayuda a ser creativos. Nos ayuda a encontrar lo que disfrutamos y también puede ayudarnos a aprender cómo hacer nuestras propias elecciones.

Analicen: ¿Con qué frecuencia sientes aburrimiento? ¿Qué puedes hacer? ¿Puedes apartar una noche por semana para una nueva actividad?

LA META SEL

Puede que algunos estudiantes batallen con el aburrimiento porque les cuesta enfocarse. Quizá expresen muchos otros sentimientos que no han sido capaces de identificar. Ayúdeles a encontrar palabras para expresar sus experiencias y estados mentales internos a través de libros y otros recursos.

TABLA DE CONTENIDO

CAPÍTULO 1
Siento aburrimiento 4

CAPÍTULO 2
¿Qué puedes hacer? 8

CAPÍTULO 3
Comparte un espacio 18

METAS Y HERRAMIENTAS
Crece con las metas 22
Ejercicio de atención plena 22
Glosario 23
Para aprender más 23
Índice 24

CAPÍTULO 1

SIENTO ABURRIMIENTO

¿Alguna vez has sentido aburrimiento? ¿Cómo te sentiste? ¿Sentiste cansancio sin poder **enfocarte**? ¿Te dieron ganas de hacer otra cosa?

Sentimos aburrimiento cuando algo no nos interesa. El aburrimiento puede ocurrir en casa o en la escuela. ¡Puede incluso ocurrir cuando estás haciendo algo divertido! A veces, simplemente no nos interesa una actividad.

La gente expresa el aburrimiento de diferentes maneras. Algunas personas **bostezan**. Otras miran fijamente o **sueñan despiertas**.

Otras personas no se pueden quedar quietas. Tienen demasiada **energía**. Puede que se porten mal. Marcos se aburre en el carro. Él molesta a su hermanita.

PASAR EL TIEMPO

Si estás en algún sitio por un largo período de tiempo, encuentra un juego con el que puedas jugar. Esto puede ayudarte a pasar el tiempo.

CAPÍTULO 1

CAPÍTULO 2

¿QUÉ PUEDES HACER?

Sentir aburrimiento puede ser **frustrante**. Cuando una actividad no te parece interesante, puede que te cueste enfocarte. Te dan ganas de hacer otra cosa. Puede que te enojes si no lo logras. Entonces, ¿qué puedes hacer?

¡Trata de hacer una actividad física! Cuando Amy se aburre en casa, le pide a la vecina que jueguen afuera. ¡Ellas se turnan para pensar en nuevos juegos!

CAPÍTULO 2

No puedes hacer lo que quieras en la escuela. Aunque una materia no te interese, tienes que prestar atención de cualquier forma.

Beni toma notas con bolígrafos de diferentes colores. Si María termina una prueba más rápidamente, ella juega silenciosamente con su fidget spinner. Este juguete giratorio le ayuda a liberar energía.

PIENSA EN LOS DEMÁS

Solo porque tú sientes aburrimiento no significa que otros sientan lo mismo. Piensa antes de actuar. ¿Molestarán tus acciones a los que te rodean?

CAPÍTULO 2

Si sientes aburrimiento con frecuencia, prueba escribir tus sentimientos. Piensa acerca de lo que te está haciendo sentir aburrimiento. Luego haz una **lluvia de ideas**. ¿Qué pudieras hacer para **enfrascarte** en algo?

Haz una lista de las actividades que te gustan hacer en casa. Piensa en las diferentes maneras en que puedes participar en las clases de la escuela. Escribe tus ideas.

PIDE AYUDA

Habla con un padre de familia o un maestro o maestra si sientes aburrimiento a menudo. Pídeles que te ayuden con una lluvia de ideas.

EN CASA:

- Hacer una fortaleza de almohadas
- Jugar a corretearse
- Crear una tienda de mentira

EN LA ESCUELA:

- Usar lápices de distintos colores
- Anotar una lista de preguntas que puedo hacer en clase
- Jugar con un fidget spinner silenciosamente

EN PÚBLICO:

- Encontrar formas en cosas alrededor mío
- Andar con un libro para colorear y con marcadores
- Contar el número de personas alrededor mío

Prueba una nueva actividad. Probar algo nuevo puede dar miedo, pero también puede sentirse bien. Está BIEN cometer errores. Sigue intentándolo. ¡Aprender algo nuevo nunca es aburrido!

El ejercicio le ayuda a Tammy a enfocarse. Las pruebas para formar parte del equipo la ponían nerviosa. ¡Pero ahora le encantan las prácticas! ¡También está haciendo nuevas amistades!

CAPÍTULO 2

Practica la **atención plena**. Esta nos ayuda a estar en el momento presente y apreciar lo que está ocurriendo ahora mismo. Cierra los ojos. ¿Qué escuchas y hueles? ¿Cómo sientes el cuerpo?

EJERCICIO DE ATENCIÓN PLENA O MINDFULNESS

Practica este ejercicio:
- Haz un alto en tus actividades.
- Respira.
- **Observa**. Toma nota de lo que está pasando. ¿Cómo te sientes?
- **Procede**. Después de que te tomes un momento, ¡sigue adelante!

CAPÍTULO 2

CAPÍTULO 3

COMPARTE UN ESPACIO

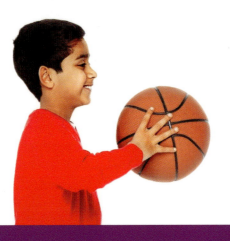

Todos se aburren de vez en cuando. Melissa no se enoja cuando su hermano siente aburrimiento. En vez de eso, le sugiere un nuevo juego. Encuentran otra cosa para jugar.

Proponte **metas** con tus amigos o ayúdales a proponer las suyas. La meta de Micah es probar una nueva receta.

CAPÍTULO 3

Algunas nuevas elecciones o metas no parecen correctas. ESTÁ BIEN. ¡Eso pasa! Piensa en lo que pudieras hacer de forma distinta la próxima vez. Encontrar una nueva actividad que disfrutas hace que te sientas muy bien. ¿Qué harás la próxima vez que sientas aburrimiento?

METAS Y HERRAMIENTAS

CRECE CON LAS METAS

Todos podemos sentir aburrimiento algunas veces. Lo que hagamos para encontrar otras opciones puede marcar una gran diferencia para la gente que nos rodea. Cuando hacemos un cambio positivo, nos podemos sentir bien.

Meta: Identifica cómo se siente el aburrimiento. ¿Cómo te sientes cuando sientes aburrimiento? ¿Cómo reaccionas por lo general cuando sientes aburrimiento?

Meta: Haz una lluvia de ideas de las actividades que puedes hacer. Haz una lista de las cosas que te gustaría hacer. Escribe cualquier cosa que se te ocurra.

Meta: Piensa acerca de cómo tus opciones pueden afectar a los demás. ¿Interrumpirá tu actividad elegida a tu salón de clases? ¿Ayudarás a otras personas con tu nueva actividad? ¿Puedes incluir a otros en tu actividad?

EJERCICIO DE ATENCIÓN PLENA

Sentir aburrimiento puede causar que te cueste tomar decisiones. A veces, puede resultar en un mal comportamiento. Estos son algunos de los pasos que pueden ayudarte a poner en práctica la atención plena y elegir otra cosa para hacer:

1. Haz un alto y respira.
2. Identifica tus elecciones.
3. Considera tus opciones.
4. Elige algo y cúmplelo.
5. Piensa acerca de cómo te fue.

GLOSARIO

atención plena
Cuando logras una mentalidad al enfocarte en el momento presente, reconociendo y aceptando de forma calmada tus sentimientos, pensamientos y sensaciones.

bostezan
Cuando las personas abren la boca muy grande y respiran profundamente, especialmente porque sienten cansancio o aburrimiento.

energía
La habilidad o fortaleza de hacer cosas sin cansarse.

enfocarte
Concentrarte en algo.

enfrascarte
Demostrar mucho interés y participación.

frustrante
Que causa sentimientos de enojo o irritación.

lluvia de ideas
El proceso de pensar acerca de ideas o soluciones para un problema.

metas
Cosas que te propones hacer.

observa
Cuando alguien mira algo o a alguien de cerca, especialmente para aprender algo.

procede
Moverse hacia adelante o continuar.

sueñan despiertas
Cuando las personas dejan su mente volar e imaginan cosas.

PARA APRENDER MÁS

Aprender más es tan fácil como contar de 1 a 3.

1. Visita www.factsurfer.com
2. Escribe "**Sientoaburrimiento**" en la caja de búsqueda.
3. Elige tu libro para ver una lista de sitios web.

METAS Y HERRAMIENTAS 23

ÍNDICE

acciones 11

actividad 5, 8, 9, 12, 15, 20

apreciar 16

aprender 15

atención plena 16

bostezan 6

cansancio 4

casa 5, 9, 12

cuerpo 16

ejercicio 15, 16

energía 6, 11

enfocarte 4, 8, 15

escuela 5, 11, 12

juega 6, 9, 11, 18

juego 6, 9, 18

lista 12

metas 19, 20

miran fijamente 6

molestarán 11

prestar atención 11

respira 16

sentimientos 12

sueñan despiertas 6

tiempo 6

Blue Owl Books are published by Jump!, 5357 Penn Avenue South, Minneapolis, MN 55419, www.jumplibrary.com

Copyright © 2021 Jump! International copyright reserved in all countries. No part of this book may be reproduced in any form without written permission from the publisher.

Library of Congress Cataloging-in-Publication Data

Names: Finne, Stephanie, author.
Title: Siento aburrimiento / por Stephanie Finne.
Other titles: I feel bored. English
Description: Minneapolis: Jump!, Inc., [2021] | Series: Los estados mentales
Includes index. | Audience: Grades 2–3
Identifiers: LCCN 2020021067 (print)
LCCN 2020021068 (ebook)
ISBN 9781645276852 (hardcover)
ISBN 9781645276869 (paperback)
ISBN 9781645276876 (ebook)
Subjects: LCSH: Boredom–Juvenile literature. | Emotions in children–Juvenile literature.
Classification: LCC BF575.B67 F5618 2021 (print)
LCC BF575.B67 (ebook) | DDC 152.4–dc23
LC record available at https://lccn.loc.gov/2020021067
LC ebook record available at https://lccn.loc.gov/2020021068

Editor: Jenna Gleisner
Designer: Molly Ballanger
Translator: Annette Granat

Photo Credits: LightField Studios/Shutterstock, cover; AvailableLight/iStock, 1; Krakenimages.com/Shutterstock, 3; Khwanchai_s/Shutterstock, 4; David Prado Perucha/Shutterstock, 5; Robert Kneschke/Shutterstock, 6–7; Happy Together/Shutterstock, 8; kirin_photo/iStock, 9; R-Tvist/iStock, 10–11; photka/Shutterstock, 12–13; SDI Productions/iStock, 14–15; brusinski/iStock, 16–17 (foreground); mediaphotos/iStock, 16–17 (background); Dean Mitchell/iStock, 18; kate_sept2004/iStock, 19; Jupiterimages/Getty, 20–21.

Printed in the United States of America at Corporate Graphics in North Mankato, Minnesota.